Anton Hoffmann

Privatgedanken über die Erhöhung der Kranengebühren

Bei Gelegenheit der Eröffnung des Reichskammergerichtlichen Urteils vom

23ten Dezember 1789 in Sachen Kurpfalz und die Reichsstadt Frankfurt

Anton Hoffmann

Privatgedanken über die Erhöhung der Kranengebühren
Bei Gelegenheit der Eröffnung des Reichskammergerichtlichen Urteils vom 23ten Dezember 1789 in Sachen Kurpfalz und die Reichsstadt Frankfurt

ISBN/EAN: 9783744636186

Hergestellt in Europa, USA, Kanada, Australien, Japan

Cover: Foto ©Andreas Hilbeck / pixelio.de

Weitere Bücher finden Sie auf **www.hansebooks.com**

Privatgedanken
über
die Erhöhung
der

Kranengebuhren

bei
Gelegenheit der Eröffnung
des
Reichskammergerichtlichen Urtheils
vom 23ten December 1789.
in Sachen

Kurpfalz
und
die Reichsstadt Frankfurt
Impetranten
dann,
Hessen Darmstadt, Fürstbischof von Speier, die Reichs=
stadt Heilbronn und die Stadt Straßburg
als Intervenienten
gegen

Kur=Mainz

die zu Mainz im Jahre 1767 und 1768 vorgenommene
Kranengebührerhöhung betreffend.

Offenbach
bei Ulrich Weiß und Karl Ludwig Brede
1790.

Inhalt.

Inhalt.

I. Geſchichte.

Kurmainz hat an dem Rheinuſer der Stadt Mainz ſchon von undenklicher Zeit her das Stappelrecht hergebracht a) und daſſelbe bis auf dieſe Stunde ohne allen Widerſpruch ausgeübt.

a) *Heinrich de Cocceii* in juris Publici prudentia Francof. adviadum 1705. 8. Cap. X. §. 11. pag. 214. behauptet; daß der Kurfürſt von Mainz über das 'an der Stadt Mainz in Ausübung gebrachte Stappelrecht ein Privilegium von dem Kaiſer Maximilian dem Erſten im Jahr 1495 erhalten habe, welches ich blos darum anführe um dem gelehrten Leſer zu überführen, daß es auch ältere Staatslehrer gegeben, welche das Kurmainziſche Stappelrecht als ein ſchon ziemlich alte auſſer allen Widerſpruch geſetzte Kurmainziſche Befugnis anerkannt haben.

Zur Erleichterung des Aus = und
Einladens der ankommenden und ab=
gehenden Schiffe und Wagen war auch
schon von undenklichen Jahren her,
an diesem Kurmainzischen Stappelufer
ein und mehrere Kranen errichtet, für
deren Gebrauch eine Tarifmäßige Ab=
gabe entrichtet werden mußte.

Diese Abgabe wurde in dem im
Jahr 1749 errichteten Tarif auf einen
Kreuzer von jedem Zentner ohne Un=
terschied der Güter gesezt b) und auch
ohne allen Widerspruch der benachbar=
ten Reichsstände wirklich entrichtet.

Der verstorbene Kurfürst Emme=
rich Joseph lies im Jahr 1767 einen
sehr prächtigen bequemen aber auch

b) Diese Tarif soll nach dem Angeben des
Herrn Hofrath Reuß in der im Jahr 1752.
in 8. herausgekommenen Ersten Sammlung
der in Polizei und Kommerziensachen er=
lassenen Kurfürstlich Mainzischen Ver=
ordnungen nebst denen von Obrigkeits=
wegen regulirten Gebührnissen enthalten seyn.

eben darum kostspielichen Kranen auf-
führen, der seiner innern Einrichtung
gemäß die Stelle von zwei Kranen
vertritt. Der Kurfürst lies wegen den
auf diesen Bau verwendten Summen
im Jahr 1767 (den 3ten Junii) eine
sehr stark erhöhete und von der im
Jahr 1749 beobachteten Gleichheit der
Waaren ganz abweichende Kranengebüh-
ren-Tarif verfertigen und bekannt machen c)

Dieser Erhöhung des Kranengeldes widersprachen sehr viele benachbarte
Reichsstände, die nachher sich theils
in gütliche Unterhandlungen einliessen

c) Diese Tarif ist als eine Beilage des zehnten Abschnittes im sechsten Band der Reußi-
schen teutschen Staatskanzlei sub Nro 1.
pag. 261 — 265 abgedruft. In dieser Tarif
ist die im Jahr 1749 beobachtete Gleichheit
der Waaren nichts weniger als beibehalten
und die Waaren nach Maasgabe ihrer Güte
und innern Werthes per Zentner mit 6. 8. auch
10 kr. angesetzt.

als Brandenburg Anspach und Wirzburg
theils aber auch gegen diese intreffante
Neuerung, ohnerachtet Kurmainz am
16ten Merz 1768 auf Vorstellung der
Stadtmainzischen Kaufmannschaft durch
ein neues in Druck gegebenes Tarif d)
bei vielen Waarenartikel die Abgabe
um ein merkliches vergeringert hatte,
den gerichtlichen Weg einschlugen; als
Kurpfalz (am 10 December 1768) die
Reichsstadt Frankfurt (am 16ten Jenner 1769) welchen beiden der Landgraf
von Hessen Darmstadt, der Fürstbischof
von Speier, die Reichsstadt Heilbronn
und die Stadt Straßburg durch Inter-
ventionen beigetreten sind.

d) In diesem neuen Tarif ist die Ansetzung
der Waaren von jener so verschieden, daß
die Waaren so vorher mit 6. 8 und 10 kr.
angesezt, nunmehr auf 2. 3 und 4 kr. her-
abgesezt sind — auch diese Tarif findet sich
in der angeführten Staatskanzlei sub N. II.
pag. 266 — 273.

Auf die von Kurpfalz übergebene
Suplike wurde am 16ten December
1768 das gebetene Mandatum de tollendo illicitas infolitasque impofitiones
inhibitorium fine, reftitutorium vero
cum claufula; und auf die von der
Reichsftadt Frankfurt überreichte Suplik
am 24ten Jenner 1769 das gebetene
Mandatum de non gravando contra
conftitutiones imperii in fpecie capitulationes Cæfareas noviores et obfervan-
tiam, per infolitas exactiones pro rebus
et mercibus e navibus vel in naves
per geranium tollendis fine de refti-
tuendo vero omnia ad priftinum fta-
rum anni 1749 ac refartiendo omnia
damna et ex penfas cum Claufula erkannt; welche erkannte Mandata einen
weitfchichtigen und langwierigen Schrift-
wechfel von beiden Seiten veranlaßten.

Das im Jahr 1784 (13ten Feb.)
publicirte Kammergerichtliche Urtheil
verlangte lediglich eine nähere Ver-

nehmlaſſung, was die in exceptionibus
Impetratiſcher ſeits angerühmte Willkühr des Gebrauchs ſeiner Kranen
auch der angeblich ; und verhältnis-
mäſig wegen denen gröſſeren Ausgaben
und mehrerer Beförderung der Schiffer
erhöheten Kranentarif für eine Beſchaf-
ſenheit habe c)

Nach dieſem ergangenen Urtheil
wurden noch von beiden Seiten mehrere Schriftſäße gewechſelt, bis endlich
im vorigen Jahr (23ten December
1789) ein Kammergerichtliches defini-
tiv Urtheil eröffnet wurde, deſſen buch-

c) Dieſes Urtheil hat der Herr Hofrath und
Profeſſor Reuß der im 6ten Band ſeiner
Staatskanzlei unter dem zehnten Abſchnit
eingerükten Abhandlung von der Erhöhung
des Kranengelds zu Mainz und dem
darüber entſtandenen Rechtsſtreit, nebſt
der Kurmainziſchen Exemption und Kurpfäl-
ziſchen Replik als Beilagen sub N. IV. V.
VI. abdrucken laſſen.

stäblichen Inhalt auch hier einen Plaz
verdient: f)

Sententia d. 23 Decemb. 1789.
publicata.

„ In Sachen Herrn Karl Theodor
„ Kurfürsten zu Pfalz Impetranten ei:
„ nes, wider Weiland Herrn Emmerich
„ Joseph modo Herr Friedrich Karl Kur:
„ fürsten zu Mainz und Dero nachgesez:
„ ten Regierung Impetraten anderen
„ sodann Herrn Landgrafen von Hessen
„ Darmstadt, Herrn August Fürsten
„ zu Speier, die Reichsstadt Heil:
„ bronn und die Stadt Straßburg In:
„ tervenienten dritten Theils Mandati
„ de tollendo illicitas isolitasque impoſi-
„ tiones inhibitonii ſine, reſtitutorii vero
„ cum clauſula die Erhöhung des Kra:
„ nengelds betreffend.

„ Iſt erkannt, daß impetratiſcher
„ Herr Kurfürſt das Krannengeld:

f) Stehet auch schon in der deutschen Mi:
nisterialzeitung vierten Stück vom 13: Jen:
ner 1790. pag. 23. 24 eingerükt.

„erstens, bei den Kaufmanns-
„waaren und Gütern, die wegen des
„Stappelrechts und des damit ver-
„knüpften Ueberschlags zu Mainz aus-
„geladen und in andere Schiffe ge-
„bracht oder feilgebothen werden müs-
„sen, zu erheben nicht befugt; sondern
„bei diesen Stappelgütern und Waaren
„und noch weit mehr

„Zweitens, bei den zu Mainz
„blos vorbei gehenden und unausge-
„geladen bleibenden Gütern, wie
„auch bei denjenigen, die des Kra-
„nens sich nicht bedienen, sondern mit
„der Hand ausgeladen werden, oder
„wohl gar für diese zu schweren Lasten
„bestimmten Maschinen zu leicht sind,
„an den Krannentarif von 1749 der
„alten Ordnung gemäß, jedoch un-
„nachtheilich der hierwegen vorhande-
„nen nachbarlichen Verträgen, sich
„zu begnügen schuldig und gehalten,

„ dagegen aber gedachte Herrn Impe-
„ traten

„ d r i t t e n s von solchen Kauf-
„ mannsgütern und Waaren, welche
„ von den Eigenthümern willführlich
„ nach Mainz bestimmt oder dort auf
„ Kaufmännische Spekulation ins La-
„ gerhaus deponiret, verkauft oder zu
„ Land weiter versendet werden, des-
„ gleichen von den zu Mainz abge-
„ henden Waaren bei dem Aus- und
„ Einladen das erhöhete Kranengeld
„ nach der im Jahr 1768 bekanntge-
„ machten, mit der auf den Bau der
„ neuen Kranen verwendeten und zu
„ fortwährenden Unterhaltung auch Be-
„ dienung derselben erforderlichen Ko-
„ sten nach widerholter Impetratischer
„ Versicherung in Verhältnis stehenden
„ Tarif fernerhin zu erheben allerdings
„ zu verstatten seyn, als wir hiermit
„ zu Recht erkennen, schuldig erklären
„ und gestatten; die hierwegen aufge-

„ laufenen Gerichtskosten gegeneinan-
„ der kompensiren und vergleichen. So-
„ dann wird Impetrantischer und resp.
„ Intervenientischer Theil auch an sei-
„ nen Kranen alles Uebermaß der
„ Kranengebühren besonders bei jenen
„ die sich des Kranens nicht oder nicht
„ freiwillig bedienen, ebenfalls ohne
„ weiteres abzuschaffen hiermit alles
„ Ernstes dem Reichsschluß vom $\frac{17}{7}$
„ Feb. 1671 gemäß angewiesen.

„ Endlich wird resp. sämmtlichen
„ Theilen wie sie diesem Urtheil nach-
„ zukommen gedenken, anzuzeigen Zeit
„ von drei Monathen pro termino et
„ prorogatione von Amtswegen ange-
„ sezt, mit dem Anhange, wo sie deme
„ also nicht nachkommen würden, daß
„ der ungehorsamme Theil jezt alsdann
„ und dann als jezt in die Straf von
„ zehen Mark ledigen Goldes halb
„ dem Kaiserlichen Fisco und zur an-
„ deren Helfte dem gehorsammen Theile

„ unnachläßig zu bezahlen fällig erkläret
„ seyn und der Realexekution halber
„ auf weiteres Anrufen ergehen soll
„ was Rechtens ist.

„ Sodann weiter

„ In Sachen Burgermeister und
„ Rath der Reichsstadt Frankfurt Im-
„ petranten eines wider Herrn Emme-
„ rich Joseph modo Herrn Friedrich
„ Karl Kurfürsten zu Mainz und De-
„ ro nachgesezten Regierung Impetraten
„ anderen sodann Herrn Landgrafen von
„ Hessen Darmstadt Intervenienten drit-
„ ten Theils Mandati de non gravan-
„ do contra constitutiones imperii, in-
„ specie Capitulationes cæsareas novio-
„ res et observantiam per insolitas exactio-
„ nes pro rebus et mercibus e navibus
„ vel in naves per geranium tollendis,
„ sine, de restituendo vero omnia ad
„ pristinum statum anni 1749 ac re-
„ sarciendo omnia damna et expen-
„ sas cum Clausula, werden sämmt-

„ liche Theile auf die in Sachen Herrn
„ Karl Theodor Kurfürsten zu Pfalz,
„ contra Herrn Emmerich Joseph mo-
„ do Herrn Friedrich Karl Kurfürsten
„ zu Mainz an heute publicirte Urtheil
„ verwiesen, dann ist Impetrantischem
„ Theil auch an seinen Kranen alles
„ Uebermaas der Kranengebühr beson-
„ ders bei denjenigen die sich des Kra-
„ nens nicht oder nicht freiwillig bedie-
„ nen ebenfalls ohne weiteres abzu-
„ schaffen alles Ernstes dem Reichs-
„ schluß vom 17 Feb. 1671. gemäß an-
„ befohlen.

II. Allgemeine Grundsätze von den Kranen und der Erhebung der diesfallsigen Gebühren.

§. 1. Bestimmung der Kranen.

Ein Kranen ist eine Maschine wo,
mit man vermittelst eines ganz beson-
deren Zugwerkes die schweresten Lasten

au die leichteste Art auf = und nieder
laſſen kann. g) Dieſe Maſchine mag
bei ihrer Erfindung wegen dem an den=
ſelbe befindlichen langen Schnabel, wel=
cher Storch oder Kranigförmig iſt, den
Namn Kranen erhalten haben. h)

§. 2. Zweck dieſer Kranen.

Dieſe Kranen werden lediglich
zum aus = und ein oder auf = und Ab=
laden der Schiffe oder Wagen gebraucht,
daher man ſie denn auch nur an ſol=
chen Oten antrift, wo mehrere Waaren
aus, ein, ab und Aufgeladen werden i)

g) Benjamin Leuber diſquiſitio plenaria ſtapulæ
     ſaxonicæ 1758. §. 1501.

h) Juſt. Georg Schottel de ſingularibus quibus-
     dam et antiquis in Germ. juribus. Cap. 24.
     § 1. not. 2.

i) Kaum wird man auch nur eine halbbedeu=
     tende Stadt, die an dem Ufer eines Schiff=
     reichen Fluſſes liegt, antreffen, die nicht mit
     einem ſolchen Kranen verſehen wäre.

§. 4. **Eintheilung derselben.**

Diese Kranen sind entweder von Staatswegen oder aber von einzlnen Privatleuten aufgeführt; im ersten Fall heissen dieselbe Staats im zweiten Falle aber Privatkranen. k) Fernr sind die Kranen entweder land oder Wasser= kranen, je nachdem sie entweder a dem Ufer eines Flusses stehen und zum Aus= und Einladen der Schife be= stimmt sind, oder aber auf den festen land aufgeführet sind, und zun Auf= und Abladen der Fuhr= und Fuchtwa= gen gebraucht werden.

Ist aber ein Kranen so eingerich= tet, daß er sowol zum Aus= und Ein= laden der Schiffe als auch Auf= und

---

k) Daß es auch Privatkranen giebt, davon kann man sich zu Höchst in einer Kurmainzi= schen am Mainufer zwei Stunden unter= halb Frankfurt gelegenen Oberamtsstadt über= zeugen, almo der ehemals von Frankfurt aus dahingezogene Kaufmann Bolongaro ei= nen Kranen zu seinem Privatgebrauch hatte.

Abladen des Landfuhrwesens gebraucht
werden kann, so verdienet dieser den
Namen, doppelt oder vermischter Kra=
nen 1)

§. 4. Ursprung der Kranen.

Alle alte Rechtsgelehrte die von
dem Kranenrechte gehandelt, behaupten,
daß die Errichtung der Kränen ledig=
lich den Zollstätten und den von den
Kauf= und Fuhrleuten verübten Zoll=
betrügereien ihren Ursprung und wirk=
liches Dasein zu verdanken hätte,
welche Behauptung aber von einigen
neuen Staatsrechtslehrern in billige Be=
zweifelung gezogen wird, m) denn der

1) Um sich von einem solchen Kranen einen
deutlichen Begrif zu machen, muß man den
zu Mainz von dem vorigen Kurfürst Emme=
rich Joseph aufgeführten neuen Kränen in
Augenschein nehmen; an diesem können zu
gleicher Zeit zwei Schiffe und zwei Wägen
beladet oder entladet werden.
m) Reuß teutsche Staatskanzlei Theil 6. Ab=
schnitt 10. §. 10. Not. d, pag. 154 und 158.

Zweck der Kranen ist das gemächliche
Aus = und Einladen der Schiffe, wel=
ches gewiß häufiger bei grossen Han=
delsstädten und sonstigen nahr= und ge=
werbhaften Orten als an Zollstätten
vorfallen muste; mithin ist es auch
weit wahrscheinlicher, daß diese zum
Aus = und Einladen sehr bequeme Ma=
schine an solchen Orten als an den
Zollstätten erfunden worden sey.

Zu dieser Wahrscheinlichkeit kommt
noch, daß fast gar keine, oder doch
gewiß äusserst wenige Zollstätten gefun=
den werden, bei welchen in der Absicht
ein Kranen errichtet ist, um mit dem=
selben die vorbeigehende Schiffe des=
halb auszuladen, um die eigentliche La=
dung des zu verzollenden Schiffes auf
das genaueste angeben und bestimmen
zu können, wo doch ganz sicher im
entgegengesezten Falle, wo nicht alle
doch wenigstens die meisten Zollstätten
mit dergleichen Hebmaschinen versehen

seyn würden. Ziehet man endlich noch in
Erwegung, daß an mehreren nicht
mit der Zollgerechtigkeit versehenen Orten Kranen zur Gemächlichkeit des
Aus- und Einladens der Schiffe aufge-
richtet sind n) so glaube ich, daß sich
jeder von der Unrichtigkeit des Gegen-
satzes gar leicht überzeugen kann.

§. 5. Kranengebühre.

Durch die Errichtung der Kranen
haben die Kauf- und Fuhrleute im
Auf- und Abladen einen wirklichen
Vortheil, mithin ist auch nichts billi-
ger, als das für den Gebrauch des
Kranens eine proportionirte Abgabe,
die gewöhnlich Kranengebühr oder Kranengeld genennt wird, abgegeben werde. Die Verordnungen worin diese

---

n) Hiervon haben wir an dem Rhein mehrere
Beispiele, wovon ich nur Worms, Eltvel
und Oestrich anführen will.

Kranengebühre bestimmt sind, heissen
Kranentarise.

§. 6. Grund der Kranengebühre.

Die Einforderung der Kranengebühre hat ihren Hauptgrund erstens
in dem Aufwand, der sowohl bei der Er-
bauung der Kranen als auch bei derselben Unterhaltung nothwendigerweise
gemacht werden muß; zweitens in
der Unterhaltung der hierzu erforderlichen Officianten und Knechte; drittens in der Gefahr des Untergangs
der Kranen, welche besonders den Was-
serkranen bei vorfallenden Eisgängen
bevorstehet; und endlich viertens
in der geleisteten Sicherheit des Er-
satzes, wenn das Gut aus verschulden
bei dem Hub zu Grunde gehet oder
Schaden leidet. o)

o) Vergleiche diesen §. mit dem §. 11, 14,
15, und 17.

. 7. Diese Gebühren sind vom Zoll
unterschieden.

Die Einforderung dieser Gebühren
kan aber mit dem Zoll oder zollmässi=
ger Abgaben keineswegs verglichen wer=
den, denn der Zoll wird lediglich für die
Frißeit einen mit der Zollgerechtigkeit
versßenen Ort paßiren zu können,
entrichtet, p) welches aber bei dem
Kranengeld nicht Plaß greifet, daßer
denn auch alle die Reichsgeseße, welche
die Anlegung neuer und die Verlegung
oder die Erhöhung der alten Zölle un=
tersagen, um so weniger in Anwen=
dung gebracht werden können, um so
mehr nach dem vorhergehenden §. die
Kranengebühren in Hinsicht verschiede=

p) Johann Stephan Pütter auserlesene
Rechtsfälle, Band II. Seite 453.
Anton Hoffmann Diss. de jure vatigalium
in genere in specio vero de vatigalibus sub=
fidiariis vulgo von Wehrzöllen Mai 1787.
sect. II. §. 1. pag. 7 et 8.

ner Vortheile und selbst gehabten Auslagen entrichtet werden.

§. 8. Was ist Kranenrecht, und Wem kommt es zu?

Das Recht einen Kranen zu errichten und für dessen Gebrauch einge
Abgaben einzufordern macht das Kranenrecht aus, welches allen teutschen
Reichsständen in Gemäßheit der Ihnen
zukommenden Landeshoheit zukommt.

§. 9. Zeitherige wissenschaftliche Bearbei-tung dieses Rechts.

Dieses Kranenrecht ist jedoch mei-
nes Wissens noch von keinem Rechtsgelehrten nach Verdienst bearbeitet worden, denn die Rechtsgelehrten als Johann Georg Schottel q) Seba-
stian Funk r) Johann Werner

---

q) De singularibus quibusdam et antiquis in ger-
mania juribus et observatis Frankfurt 1671. 8.
Cap. 24. p. 433.

r) Hypomena de gerario Marburg 1682. 4.

Gericken s) Benjamin Lauber t)
Caspar Klock u) Gabriel Schwe=
der w) Friedrich Abraham Hopf=
garten x) Johann Friedrich Hom=
berg zu Vach z) Ahasver Frisch a)

s) Schottelius illuftratus et continuatus, five fpi
cilegium ad d. Juft. Georg Schottelii tractatum
de fingularibus et antiq. in Germ jur. et ob-
ferv. Lip. 1718. 8, Cap. 24. pag. 101.

t) Disquifitio plenaria ftapulæ faxonicæ die
gründliche Erwegung der Sächßischen Stap=
pel = und Niederlage, Baußen 1658. 4.
§. 1500 — 1502.

u) De contributionibus in Rom. Germ. Imp. Col-
lonia agrip. 1699. f. Cap. I. pag. 25.

w) Introductio in jus publicum Imp. Rom. Germ.
Tubingæ 1733. 8. part. Special. Sect. I. Cap. 20.
§. 9. feq. pag. 503. feq.

x) Diff. de jure Vatigatum in fac. Rom. Imp.
Germ. Lipf. 1723. 4. fect. I. §. 36. pag. 43.

z) Jus Publicum Imp. Rom. Germ. Marburg 1728.
8. Cap. 10. §. 56. (2)

a) Jus Fluviaticum Romano Germanicum Jenæ 1672
f. Part. 2. Cap. 14. de jure Stapularum et Ge-
ranii N. II. feq. pag. 225. — Diff. de regali
nundinarum jure Jenæ 1660. 4. Cap. 10. de
Cognato jure emporii et Stapulæ pag. 441 N. 15.
feq. exftat in operibus fuis. Tom. 2. Part. 3.
tract. 22.

Chriſtoph Lehmann b) Johann
Friedrich Peſſinger c) Johann
Jakob Moſer d) Heinrich Gott=
fried Scheidemantel e) haben ent=
weder daſſelbe kaum berührt, oder aber
nach unrichtige und zuverläßig unanwend=
baren Grundſätzen f) und noch gar un=
vollſtändig bearbeitet, daher es ſehr zu
wünſchen wäre, daß wenigſtens eine
Accademiſche Abhandlung dieſer in je=
dem Betracht immer wichtigen Materie
gewidmet würde.

b) Chronika der Freien = Reichsſtadt Speier
Frankfurt 1711, f. Lib. IV. Cap. 22. pag. 317.
c) Vitriarius illuſtratus ſeu Juſtitutiones Juris
Publici Rom. Germ. Gothæ 1731. 4. Tom. 3
Lib. III. §. 43. pag.
d) Grundriß der heutigen Staatsverfaſſung
des teutſchen Reichs Tübing. 1742. 8. Lib. 4.
Cap. 14. §. 12. pag. 404. ſeq. — Von der
Landeshoheit in Steuerſachen wie auch an=
dern Geld = und Naturalabgaben Frankfurt
1773. 4. Cap. 15. §. 43. pag. 776.
e) Repertorium des teutſchen Staats = und
Lehnrechts Leipzig 1783. gr. 4. Th. 2. Lit. K.
N. 37. voce Kranenrecht. pag. 666. ſeq.
f) Der erſte Staatsrechtslehrer der meinem

§. 10. Verschiedenheit der Meinungen über
dieses Kranenrecht.

Das Kranenrecht wird von einigen
Rechtsgelehrten für ein Annex des Zoll=

Ermessenen nach, dieses Kranenrecht in seinem
gehörigen Gesichtepunkt betrachtet, ist der
schätzbare Herr Hofrath und Professor Reuß
zu Tübingen (in seiner vortreflichen teutschen
Staatskanzlei Theil 6. Absch. 10. pag. 242.)
dieser macht aber den beiderseitigen Schrift=
verfassern den Vorwurf, daß sie in ihren
Schriftsätzen weder diese Rechtsmaterie er=
schöpft, noch weniger sich auf eine historische
Untersuchung des Kranengeldes eingelassen,
welches aber meinem Ermessen den streitenten
Theilen um so weniger verargt werden kann
um so mehr dieselbe nicht einen einzigen
Staatsrechtslehrer finden konnten, der ihnen
zu dieser Arbeit einigen Wegzeiger gegeben.
Die Bearbeiter solcher Schriften sind wenig=
stens der Regel nach Mitglieder von der Re=
gierung, die wegen anderen Geschäften weder
Laune noch Zeit haben können, sich solchen
Ausarbeitung n zu widmen; meiner Meinung
nach sollte man zu solchen Arbeiten immer
Mitglieder der Universität gebrauchen, die
denn in dieser Sache gewiß was Entschei=
dendes geliefert haben würden.

rechtes g) von anderen aber, für ein
Theil des Stappelrechtes h) und wieder

g) *Schottel* l. c. pag. 334.

Geriken l. c. pag. 101. §. 1.

Leuter l. c. §. 1502.

Klock l. c. 272.

Funck l. c. dieſer behauptet noch gar Part. I.
§. 5 6 7 8. daß der Kranen zum eigentlichen
Hauptentzweck die Adminiſtration der Zölle
habe, indem nemlich, durch die Ausladung und
Wägung der Waaren die Zölle ihre eigentliche
tarifmäſige Abgaben erhielten Part. II. §. 2
4. 6. Bei der Verleihung der Zollgerechtigkeit verſtünde ſich auch die Kranengerechtig-
keit als ein Apartementſtück von ſelbſten.
Part. III. §. 3 4 5 6. mithin müßte auch alles
was Zoll entrichte, Kranengeld geben und
was von der Zollabgabe befreiet ſeye, ſeye
auch vom Kranengeld frei. Part. IV. Bei
den Kranenſtrittigkeiten hätten demnächſt auch
alle die Rechtsmitteln, welche bei den Zoll-
ſtreitigkeiten anwendbar ſeyen, ihre volle Anwendung.

Hopfgarten l. c. §. 36.

Homberg zu Bach l. c. §. 56.

Moſer l. c. §. 12. 43.

h) *Schweder* l. c. §. 9. pag. 503.

Fritſch l. c. pag. 225. et 441. N. 15 — 18.

Lehmann l. c. pag. 317.

Pfeffinger l. c. §. 43. Nota a.

von anderen für eine aus der Landeshoheit entspringende Befugnis i) gehalten, diese verschiedene einander wider-
sprechende Meinungen mogten gar wohl
die im Jahr 1784. bei dem Reichskammergericht, bei der Gelegenheit der
Berathschlagung über die Frage: Ob
das Kranengeld als ein Zoll
oder zollmäffige Abgabe anzu-
sehen sey oder nicht, entstandene
paria k) eigentlich veranlaßt haben,
diese konnten aber auch um so weniger
unerwartet seyn, um so mehr fast alle
groffe Staatsrechtslehrer in dieser Sache wenigstens bis 1768 kaum eine
hinlängliche Auskunft geben konnten. l)

i) *Scheidemantel* l. c. §. 1.
k) Reuß l. c. §. 9. pag. 264.
l) Das Kranenrecht hat nebst dem angeführten
   Rechtsgelehrten noch keine ordentliche Bearbeiter gefunden, und es scheint als habe es
   die Staatsrechtslehrer vor dem zwischen Kurpfalz und Mainz wegen der von lezterer un-
   ternommenen Erhöhung der Kranengebühren
   entstandenen Rechtsstreit wenig bekümmert,

§. 11. Grund des den teutschen Reichs=
ständen zukommenden Kranenrechts.

Die teutsche Reichsstände haben in
Gemäßheit der ihnen zustehenden Lan=
deshoheit das Recht, in Polizeisachen
solche Verfügungen zu treffen, wodurch
nicht allein allen künftigen Uebeln vorge=
beugt wird, sondern auch die Gemächlich=
keit sowohl der Unterthanen als auch der
sich im Staat, auch nur auf eine
kurze Zeit in was immer für einer Ab=
sicht aufhaltenden Fremden, befördert
wird. Gegen solche polizeirechtliche

denn selbst der allgemein, als ein grosser Staats=
rechtslehrer, beliebte und geschäzte Johann
Jakob Moser sagt in dem oben angeführten
Traktat von der Landeshoheit in Steuersachen
Cap. 15. §. 43. N. 2. pag. 776. wie wohl
ich gestehen muß, daß ich hierin (nem=
lich im Kranenrecht) keinen genügsammen
Bericht zu geben weis. Erst dieser ange=
führte Rechtsstreit gab zu mehrerem Nachden=
ken Anlaß und vielleicht findet der schäzbare
Herr Hofrath Reuß mehrere Nachfolger die in
Kurzem die Sache nach ihrem Verdienst bear=
beiten und darstellen werden.

Verfügungen können in Gemäßheit der neueſten Wahlkapitulation m) weder Kaiſerliche Privilegien ertheilet werden noch weit weniger aber dieſes Recht einſchränkende reichsgerichtliche Erkennt‐ niſſe ergehen. Durch die Errichtung des Kranens aber, werden nicht allein gemein ſchädlichen Uebeln vorgebeugt, ſondern auch noch die Gemächlichkeit im Aus‐ Ein‐ Auf‐ und Abladen zum Vortheil des ganzen teutſchen Handels erreicht, denn jede Waare, ſie ſey von welcher Eigenſchaft ſie auch immer wolle, iſt bei dem Aus‐ und Einladen mit ſelbſt ¸eigener Hand doch immer der Gefahr ausgeſezt wo nicht ganz zu

m) Art. 7. §. 4. Woneben wir fürohin keinerlei von unſern Vorfahren zu ertheilen nicht hergebrachte Privilegien ſo denen Kurfürſten, Fürſten und Ständen in dero Territoriis zuſtehenden Polizei‐ weſen und gleichfalls hergebrachten Gerecht‐ ſamen in einigerlei Weg vorgreifen, ertheilen, noch die etwa bereits ertheilte erneueren ſollen noch wollen.

Grunde zu gehen, doch wenigstens so
zu verderben; daß dieselbe nicht mehr
zu ihrem bestimmten Gebrauch dienlich
ist, welche Gefahr durch die Errichtung der Kranen, erstens um ein merkliches verringert und zweitens dadurch,
daß der Landesherr wenn das Gut wäh-
rend dem Hub aus verschulden zu
Grunde gehet oder Schaden leidet, dieses zu Grund gegangene oder schadhaft
gewordene Gut nach seinem innern
Werth ersetzet, für die Schif- und
Handelsleute völlig beseitiget wird. Die
Aus- und Einladung mit selbsteige-
ner Hand ist auch noch darum, weil
diese unmöglich geschwind von statten
gehen kann, dem Handel weit nach-
theiliger als die Ausladung vermittelst
des errichteten Kranens; indem an
diesem mehrere Zentner auf einmal und
zwar in wenig Augenblicken aus- und
eingeladen werden können; mithin ist
auch jeder Landesherr befugt solche

Polizei-Veranstaltungen zur Sicherheit und Vortheil des teutschen Handels zu treffen.

§. 12. Ort wo die teutsche Landesherrn dergleichen Kranen errichten können.

An solchen Orten, wo mehrere Waaren aus und eingeladen werden, kann jeder teutsche Landesherr das ihm zustehende Polizeirecht, für die Sicherheit der Waaren sowol, als auch für deren geschwinde Aus- und Einladung zu sorgen, in Ausübung bringen und einen Kranen errichten lassen n) diese Orte sind aber von ver-

n) Die Errichtung der Kranen an solchen Orten, wo die Aus- und Einladung der Waaren nicht häufig vorkommt, ist für den Landesherrn zu kostspielig, als daß er dieselbe unternehmen könne, daher er die Veranstaltungen solchen Kaufleuten, die die Vortheile dieser Hebmaschine nicht mißkennen, gar gern überläßt. Ein Beispiel von einer solcher Ueberlassung finden wir zu Höchst an dem Bolongarischen Kranen.

C

schiedenen Eigenschaften, die ich, um
hier keine Lücke zu lassen, ganz kurz
berühren will.

Erstens sind es grosse Städte, die
zu ihrer Consumtion sehr viele Güter
haben müssen, zweitens sind es Stappel=
plätze, wo die ankommenden Waaren ob=
schon sie ihrer Bestimmung gemäß weiter
gehen, dennoch Aus = und Eingeladen
werden müssen; diese Stappelplätze sind
jedoch von gedoppelter Art, indem die=
selbe entweder natürlich oder priviligirt
seyn können. Natürliche Stappelplätze
sind jene, wo die ankommende Waaren
ausgeladen werden müssen, um dieselbe
entweder auf der Ax weiter fortzuführen,
oder aber, nach der Erfordernis der
weiteren Wasserstrasse bald in grössere
oder kleinere Schiffe einzuladen.

Privilegirte Stappelstädte aber, sind
jene wo, obschon diese natürliche Eigen=
schaften nicht vorhanden sind, dennoch
alle ankommende Waaren in Gemäß,

helt eines Privilegiums aus= und ein=
geladen werden müssen o) An allen
diesen Orten sind die Kranen ganz un=
entbehrlich, weil jede andere Art die
Waaren aus= und einzuladen mit den
größten Beschwerlichkeiten und noch gar
mit der Gefahr des völligen Untergangs
verbunden ist, welche beide nachtheilige
Umstände, jeder teutsche Landesherr aus

o) Solche Stappelprivilegien haben am Rhein
die Städte Speier, Mainz und Köln,
an der Mosel die Stadt Trier, an der Do=
nau die Städte Ingelstadt, Regensburg
Passau, an der Elbe die Städte Magde=
burg und Hamburg, an der Weeser die
Stadt Bremen, an der Ober die Städte
Breslau, Frankfurt und Stättin; auf dem
Land ist die einzige Stadt Leipzig mit einem
solchen Privilegium versehen. Diese Privi=
legien sind aber meisten Theils zu Gunsten der
Einwohner von den Kaisern ertheilet worden —
das Stappelrecht ist jedoch entweder das Volle
oder nicht Volle, nachdem die ankommende
Waaren entweder nur ausgeladen und in an=
dere Schiffe übergeschlagen, oder gar feilge=
boten werden müssen.

landesherrlicher Polizeipflicht zu beseiti=
gen suchen muß.

§. 13. Die Kranengebühren bestimmt der
Landesherr.

Jeder teutsche Landesherr, der zur
Sicherheit und zum Vortheil der Schif=
fahrt sowhol, als des Handels einen
Kranen errichtet, ist berechtiget, die
für den Gebrauch des Kranens zu ent=
richtende Abgabe zu bestimmen, jedoch
hängt diese Bestimmung nicht ganz von
der Willkühr des Landesherrn ab, in
dem sonst alle teutsche Landesherrn un=
ter dem Namen von Kranengeld auf
die leichteste Art ohne ein Kaiserliches
Privilegium einen auch mehrere Zölle
erheben könnten; auf diese Art wür=
den alle die Reichsgesetze, welche so
scharfe Verordnungen gegen die Anle=
gung neuer, und gegen die Verlegung
oder Erhöhung alter Zölle enthalten,
ganz unwirksam werden.

§. 14. Was die teutsche Landesherren bei der Bestimmung der Kranengebühren in Betracht ziehen können und müssen.

Die teutsche Landesherren müssen fördersamst bei der Bestimmung der Kranengebühren den Grund dieser Abgabe in Erwegung ziehen; dieser ist aber nach dem §. 6. damit der Landesherr für die zu der Errichtung und Unterhaltung der Kranen erforderlichen Summen einen Ersaß, und für die in Rücksicht der Waaren selbst geleistete Sicherheit, einen höchst billigen Beitrag zu dem Ersaß der allenfalls zu Grund gegangenen Waare erhalte, und dadurch zur Beförderung solcher gemeinnütziger Anstalten aufgemuntert werde. Mithin können auch die Abgaben nicht höher angesezt werden, als das auf die Errichtung des Kranens verwendete Kapital alljährlich erträgt p) die auf die

p) Dieser Ertrag kann jedoch darum, weil die aufgerichtete Hebmaschine sehr vielen Gefahren

Unterhaltung der Kränen alle Jahr verwendete Summen ausmachen und die jedem Gutseigenthümer für seine Waare !geleistete Sicherheit geschezt werden kann, indem sonst gar leicht die Abgabe für den Gebrauch des Kranens jene Kosten, welche die Kauf = und Schiffleute auf die Aus = und Einladung ihrer Güter verwenden müßten, übersteigen könnte. Bei der Berechnung dieser Gebühren kann jedoch keine ganz genaue Gleichheit zwischen Einnahme und Ausgabe beobachtet werden, indem sonsten diese Gebühren zu oft nach Verhältnis der Ausgaben vergeringeret und erhöhet werden müßten,

des Untergangs ausgesezt ist und nach erfolgtem Untergang, ein neues Kapital zur Wiederaufrichtung erforderlich ist, nicht so strikt berechnet werden, indem sonst der Landesherr bei jedem erfolgten Untergang, das auf die Errichtung dieser Maschine verwendete Kapital verliehren würde, welches aber kein billigdenkender verlangen kann, noch wird.

däher denn der Landesherr ohne unbil-
lig und gesetzwidrig zu handeln alle
Jahr auf einen proportionirten Ueber-
schuß rechnen kann. q) Diese Abgabe
kann jedoch wegen der, für die Güter
selbsten geleisteten Sicherheit, nicht für
alle Waaren gleich, sondern vielmehr
nach dem intern Werth derselben, welcher beim allenfalls erfolgten Untergang
oder Beschädigung ersetzet werden muß;

q) So kann ein Landesherr der z. B. 40000 fl.
auf die Errichtung seiner Kranen verwendet
und alljährlich 6 oder 7000 fl. Unterhaltungs-
koßten berschiessen muß, gar wohl ohne einen
gerechten Vorwurf über Erhebung einer über-
mäßigen Abgabe zu erwarten 13 bis 14000 fl.
an Kranengebühren erheben, denn von dieser
eingenommenen Summe muß erßlich die jährliche Unterhaltung mit 7000 fl, dann die Zin-
sen von dem angewanden Kapital wegen den
bei jedem Eisgang bevorstehenden Untergang
mit wenigstens 8 p. C. also a 3200 fl. und
endlich wegen der das ganze Jahr hindurch,
geleisteten Sicherheit der Güter 2000 fl. abge-
zogen worden, nach welchem Abzug kaum mehr
1800 fl. verbleiben.

verſchieben ſeyn; indem ſonſten jener, deſſen Waare von geringer Bedeutung ſind, eine gröſſere Abgabe als der, deſſen Güter von einem gröſſeren Werth ſind, entrichten müßte, welches doch im Fall die Billigkeit nicht auſſer Acht gelaſſen werden ſoll, nicht wohl geſchehen kann.

§. 15. Unter verſchiedenen Umſtänden können auch die Kranengebühren erhöhet werden.

Nach dem §. 7. können die Kranengebühren keineswegs mit der Zollabgabe in Vergleichung geſtellet werden, mithin können auch dieſe ohne Reichsgeſetzwidig zu handlen, bei vermehrtem Aufwand erhöhet werden, r) welches

r) Ich rede blos von Erhöhungen, weil ſich eine Verminderung auch bei vermehrtem Aufwande nicht leicht zutragen mag, und im Fall dieſelbe bei billig denkenden Fürſten vorfallen ſollte, ſicher keinen benachbarten zu einem Rechtsſtreit veranlaſſen wird.

sich denn auch schon aus der Natur
und Eigenschaft des Kranengeldes ergiebt, ob aber auch nicht bei erhöhetem
Werth der Waaren das Kranengeld
erhöhet werden könne, kann ich um so
weniger bezweiflen, als diese Abgabe
selbst, auch zum Theil in Rücksicht der
Sicherheit der Güter entrichtet wird. s)

§. 16. Schuldigkeit der Kauf- und Schiffleute diese Abgabe zu entrichten.

Dieser Abgabe kann sich kein aus-
und einladenter Kauf- oder Schiffmann
auch kein auf- und abladenter Fuhrmann, unter was immer für einem
Vorwand es auch seyn mag entziehen.

s) Ein Zentner Gut das z. B. 2 kr. Kranengeld entrichten muß, würde ja dann, wenn
dessen innere Werth um 100 p. C. gestiegen ist
nicht das geringste für den Gebrauch der Kranen entrichten, wenn vorher 1 kr. für den Gebrauch der Kranen und 1 kr. für die Sicherheit entrichtet werden, welches doch sicher
nicht verlangt werden kann.

denn diese Gebühren werden zur land
desherrlichen Remuneration wegen der
denen oben schon bestimmten Auslagen,
Kosten und Gefahr gegeben.

Ob aber auch der Kauf = oder
Schiffmann, welcher sich des Kranens
nicht bedienet, diese bestimmte Abgabe
entrichten müsse, dies ist eine Frage
deren Beantwortung auf folgenden
Gründen beruhet: 1. ist die Errichtung
eines Kranens eine Polizeianstalt, de=
ren Zweck zum Theil dahin gehet, daß
die Kaufleute bei dem Aus = und Ein=
laden ihrer Waaren vor derselben Un=
tergang gesichert sind, mithin kann es
auch unmöglich den Schiff = und Fuhr=
leuten frei stehen, zu solchen schweren La=
sten die dieser Gefahr ausgesezt sind, den
Kranen bei dem Aus = und Einladen
zu gebrauchen oder nicht, indem sonst
dieser Hauptzweck gar leicht verfehlet
werden könnte. 2. Bei geringeren La=
sten ist zwar diese Gefahr des Unter=

gangs weit seltner; allein bei diesen trit
die allgemein als bekannt angenommene
Regel ein, „ zum allgemeinen
Vortheil muß auch der seinen
bestimmten Beitrag geben, welcher sich des Vortheils nicht bedienen will, " r) denn sonsten könnten
ja alle Schiff- oder Fuhrleute um die Kranengebühren zu ersparen, ihre Waaren
und Güter in lauter kleine Päcke fassen

r) Der allgemeinen Wohlfahrt halber sind die
Menschen in den Staat getretten, mithin
müssen sie sich auch dieselbe. gefallen lassen, zu
den, des allgemeinen Wohles halber gemach-
ten Ausgaben ihre proportionirte Beiträge zu
entrichten, — es würde daher äusserst auf-
fallend und belachenswerth seyn, wenn jemand,
wenn er auch schon kein Unterthan ist, der
sich in dem Staat aufhaltet, darum von seinem Holz das für die Stadtbeleuchtung bestimmte Laternengeld nicht entrichten wollte,
weil er noch nie zur Nachtzeit ohne Laterne
ausgegangen, noch künftig ohne dergleichen aus-
gehen würde. — Die Errichtung eines
Kranens ist aber nicht weniger eine Polizeianstalt als die Beleuchtung der Stadt.

laſſen und dadurch dem kranenberechtig-
ten Stande an den Krancngebühren einen merklichen Nachtheil zufügen, 3.
ſind nun die Kaufleute gehalteu, ver-
möge des einem Ort zukommenden Stappelrechtes aus- und einzuladen oder
überzuſchlagen, ſo können auch dieſe
Leute aus den oben, §. 4. angeführten
Polizeigründen angehalten werden, ſich
zum Aus- und Einladen ihrer Waaren
des Kranens zu bedienen und die des-
fallſige Gebühren zu entrichten, 4. ſte-
het es in der Willkühr des Stappel-
berechtigten Standes, dieſes Aus- und
Einladen zu verlangen, oder aber die
Schiff- und Fuhrleute von dieſer Stappelobliegenheit zu befreien, ſo muß es
auch der Willkühr des Stappelberech-
tigten überlaſſen ſeyn, unter welcher
Bedingnis und unter welchem Vorbe-
halt er dieſe Stappelverbindlichkeit den
Kauf- oder Schiffleuten nachſehen will,
daher ſich denn kein vorbeigehender

Schiff- oder Fuhrmann beschweren kann,
wenn ihm diese Stappelobliegenheit nur
gegen die Erlegung der Kranen- und
Kaufhausgebühren nachgelassen wird.

§. 17. Misbrauch des Kranenrechts.

Dieses Kranenrecht, obschon es
an und für sich ein dem ganzen teutschen
Handel vortheilhaftes Polizeirecht ist,
kann jedoch eben so gut wie jede andere
an und für sich unschuldige Sache von
einem oder dem andern Stand mis-
brauchet werden; so würde es ein
Hauptmisbrauch seyn, wenn ein Stand
ganz übermässige Gebühren für den Gebrauch des Kranens erheben wollte, u)
auch noch dazu die Schiff- und Fuhr-

u) So würde kein Mensch zweifeln können,
daß der Reichsstand welcher auf die Errichtung seiner Kranen kaum 10000 fl. und auf
den jährlichen Unterhalt kaum 5000 fl. verwendete, doch wenigstens alle Jahr 30000 fl.
an Kranengebühren erhebet, sich gegen die so
strenge Zollgesetze verfehle.

leute, welche in gar keinem Betracht
aus= und abzuladen verbunden wären,
anhielte aus und abzuladen. Ein noch
weit auffallender Misbrauch aber würde
von dem Reichsstand unternommen wer=
den, welcher obschon er gar keinen
Kranen errichtet, mithin auch nie Unter=
haltungskosten herzuschiessen hat, den=
noch von den ankommenden Fuhr= und
Schiffleuten Kranengebühren erhebe;
die Erhebung dieser Gebühren würde
ganz sicher eine wahre Erhebung eines
Zolles seyn, gegen welchen alle die
Reichsgesetze, welche die Errichtung ei=
nes neuen Zolles, und die Verlegung
oder Erhöhung eines alten Zolles ver=
bieten, anwendbar seyen, mithin auch
die höchsten Reichsgerichten ganz sicher
ohne gegen die Wahlkapitulation Art. 7.
§. 4. anzustosen, mandata cassatoria
erkennen konnten, welche Verfügung je=
doch bei der ersten Gattung von Mis=
brauch darum nicht Platz greifen kann,

weil vorderſamſt die vorgegebene Ungleichheit zwiſchen der Ausgabe und
Einnahme vom Richter unterſucht und
durch ein Endurtheil entſchieden werden
muß.

III. Einige Betrachtungen über das
Reichskammergerichtliche Urtheil vom 23 October 1789.
die zu Mainz unternommene
Erhöhung der Kranengebühren
betreffend.

§. 1. In wie weit dieſe Reichskammergerichtliche Erkenntnis mit den angeführten Grundſätzen übereinſtimmet.

Aus den angeführten Grundſätzen
iſt klar zu erſehen: daß die Errichtung
des Kranens und die Erhebung der
desfalſigen Gebühren ein Theil des
allen teutſchen Reichsſtänden unwider-
ſprechlich zuſtehenden Polizeirechtes iſt w)

w) Siehe oben, §. 8, 11.

daß auch die teutschen Reichsstände der»
gleichen Kranen aus landesherrlichem
Polizeirecht an Stappelstädten, diese
seyen natürliche oder privilegirte, er»
richten und von den Stappelverpflichte»
ten Kauf= und Fuhrleuten für die aus»
zuladende Güter, einige jedoch propor»
tionirte Kranengebühren erheben kön=
nen, z) daß jeder Landesherr darum,
weil er die, des Kranens halber ge=
habte Ausgaben nicht allein herschiessen
müßte, sondern auch noch nebst diesem
den Gütern selbsten Sicherheit vor dem
Untergange leiste, dieselbe am besten
bestimmen könnte und müßte a) und,
daß mithin die diesfalls zu erhebenden
Gebühre keineswegs als ein Zoll oder
zollmäßige Abgabe angesehen werden kön=
nen b) zumal dieselbe lediglich für den
Ersatz des angewanden Kapitals und

z) §. 11. 12. 16.
a) §. 13. 14.
b) §. 7.

der noch immer zu beſtreitenden Unko:
ſten abgegeben würden c) mithin um
ſo weniger einer reichsgerichtlichen Er:
kenntnis zu unterziehen ſeyen, um ſo
weniger dieſelbe von den teutſchen Reichs:
ſtänden gemisbraucht würden. d) Mit
dieſen Grundſätzen kommt jedoch das
Reichskammergerichtliche Urtheil nicht
überein, indem es erſtens die Stap:
pelgüter, welche theils ausgeladen, oder
aber mit landesherrlicher Genehmigung
ohne, ausgeladen zu werden, an den
Stappelufer vorbei fahren, zweitens
aber jene die ohne den Kranen mit
der Hand ausgeladen werden, und
drittens jene die für dieſe zu ſchweren
Laſten beſtimmte Maſchine zu leicht ſind
von der neuen Kranentarif von 1768
entbindet. Nach dieſen Umſtänden
ſollte man ſchlieſſen, daß das Reichs:

c) §. 6.
d) §. 17, 11.

D

Kammergericht die Kranengebühren für
eine zollmäsige Abgabe hielt, welches
doch darum nicht wohl zu glauben ist,
weil es jene Waaren die zu Mainz in
das Lagerhaus auf kaufmännische Spekulation deponiret, oder zu Mainz aus
den Schiffen ausgeladen und per Axe
weiter versendet werden und jene, welche von den Kaufleuten zu Mainz ab-
geschickt werden, den erhöheten Kranengebühren unterwirft; welches sicher
nicht hätte geschehen können, wenn die
Kranengebühren als eine zollmäsige Abgabe angesehen werden könnten, indem
in den Reichsgesetzen e) nicht nur die
Erhebung des wirklichen Zolls, sondern
auch jener Abgaben verbothen die unter
dem Namen von Accis, Umgeld, Niederlage, Stand- und Marktrecht Pfer-
ten, Brücken- und Weg- Kaufhaus-
Renth- Pflaster- Steinfahren- und Cen-

e) Neueste Wahlkapitulation Art. VIII. §. 11.
und 12.

tögelder erhöben werden, die an und für
sich für nichts anders als einen Zoll zu halten. Wenn aber das Reichskammericht die
Kranengebühren nicht als eine zollmäsige Abgabe in Betrachtung gezogen, so
hätte dasselbe auch um so weniger die
oben bestimmte Waaren von der erhöheten Kranentarif befreien können, um
so mehr auch an Stäppelstädten die
landesherrliche Polizeipflicht, für den
Schaden zu wachen und für die Gemächlichkeit im Ein- und Ausladen zu
sorgen, eben so gut einttift, wie an
den übrigen Handelsplätzen und die
Schiff- und Fuhrleute die an den
Stappelstädten anfahren, müssen eben
so gut wie andere ihren Beitrag zu
dem, wegen diesen Anstalten gehabten
Aufwand und Kosten entrichten; indem diese eben so gut den Vortheil
und die Sicherheit geniesen können und
geniesen, wie jene. Das Reichskammergericht konnte aber auch ohnmöglich

dieſe Stappelverpflichtete Kauf = und
Schiffleute wegen einem, von Seiten
der Hohen Kur=Mainz allenfalls ver=
übten Misbrauch von der erhöheten
Kranenabgabe befreien, indem es ſonſten
auch alle andere Kauf= und Schiffleute,
bei allenfalls erwieſenem Misbrauch von
dem erhöheten Kranengeld hätte befreien
müſſen. Denn wenn Kurmainz durch
eine unternommene zu ſtarke Erhöhung
des Kranengelds ſein Kranenrecht mis=
brauchet hätte, ſo würde es doch ganz
ſicher die größte Unbilligkeit ſeyn, wenn
das übermäßig empfangene Kranengeld
mit den Ausgaben dadurch in eine
Gleichheit geſezt werden ſollte, daß
eine gewiſſe Gattung von Kauf und
Fuhrleuten an Gebühren weniger be=
zahlen ſollten, als eine andere, die
weder mehr Gemächlichkeit noch mehr
Sicherheit bei dem Aus= und Einladen
genieſe. Konnte aber ſchlüßlich Kurmainz keines Misbrauchs überführet

werden, so ist dieser auch ohne allen
Zweifel, Falls diese Erkenntnis in die
Rechtskraft übergegangen ist, ein merklicher Nachtheil und Schaden zuge-
wachsen.

§. 2. Nachtheil für die Hohe Kur-
Mainz.

Kurmainz hat wie oben schon ge-
zeiget worden, das Stappelrecht schon
vor undenklichen Zeiten und zwar,
ohne Widerspruch ausgeübt dann auch
an dieser Stappelstätte aus landesherrlichem Polizeirecht zur Gemächlichkeit
aller ankommenden Schiff- und Fußleu-
ten sowohl als zur Sicherheit der aus- und
einzuladenden Waaren mehrere Kranen
errichten lassen, wofür es eine äusserst
geringe, mit dem Aufwand noch lange
nicht in Gleichheit stehende Abgabe sich
entrichten ließ. f) Im Jahr 1767

f) Im Jahr 1749 wurde diese Abgabe per Zentner ohne Unterschied der Waaren auf einem

ließ der verstorbene Kurfürst Emmerich
Joseph einen neuen Kranen errichten
und bei dieser Gelegenheit das Kranengeld erhöhen. Dieses konnte Kurmainz um so ehender, um so mehr es auf
die Kranen damahls mehr dann 40000 fl.
verwendet und für diese Verwendung eine billige Schadloshaltung zu verlangen
berechtigt war. Bei dieser Erhöhung wurde aber unter den Gütern selbsten die zeither übliche Gleichheit nicht mehr beobachtet, sondern mehrere nach Maass-
gabe ihres innern Werthes auf 2. 3.
4 und 5 Kreuzer angesezt, auch
hierzu war Kurmainz ohne sein in
Ausübung gebrachtes Kranenrecht zu
misbrauchen, berechtigt; indem es we-

Kreuzer festgesezt. In dem Tarif selbst heißt
es der alten Ordnung gemäß, Zentner-
weis so zu erheben. Ob dieser Ausdruck sich
auf die Kreuzer beziehe? davon kann ich mich
nicht überzeugen, indem es weit wahrscheinlicher ist, daß er sich auf Zentnerweise beziehe.

gen dem zu ersetzenden Schaden, bei
erfolgtem Untergang (verstehet sich unter dem Hub) derselben, ohne eine Unbilligkeit zu begehen, nicht wohl mit
gleichen Abgaben belegen kann.

Ohnerachtet nun mehrere benachbarte Reichsstände gegen diese Erhöhung
klagten und die Hohe Kurmainz eines
Misbrauches ihres Kranenrechtes be-
schuldigten, so konnte doch nicht wohl
behauptet werden, daß damals die er-
hobene Abgaben gegen die Auslagen
und Kosten in einer Ungleichheit stün-
den; denn Kurmainz kann das
auf die Errichtung der Kranen verwendete Kapital nach der Nota g) des
§. 14. wenigstens mit 8 p. C. in An-
schlag bringen und zu dieser Summa
die jährliche Unterhaltungskosten sowohl

g) Nach der Versicherung mehrerer Rhein und
Mainschiffer, sollen die im Jahr 1768 erhöheten Kranengebühren per Jahr 23000 bis 24000
fl. ausmachen.

des Kranens selbsten, als auch der
bei diesem aufgestellten nöthigen Per-
sonen hinzufügen, woraus sich denn
ein jährlicher Ertrag von wenigstens
14 bis 15000 fl. ergiebt; berechnet
man nun die Sicherheit der Güter,
welche Kurmainz alle Jahr für wenigstens 4 oder 5 Millionen leistet,
so zeiget sich, daß Kurmainz, wenn
man für die geleistete Sicherheit von
100 fl. auch nur zwölf Kreutzer rechnen wollte, doch wenigstens an jährlichen Kranengefällen 24000 fl. erheben könnte. Wenn nun diese Kra-
nengefälle nicht mehr ertragen, so
mußte dieses Urtheil für Kurmainz
um so beschwerlicher fallen, um so
mehr der iztregierende, sowohl in der
allgemein teutschen, als auch in der
Mainzer Specialgeschichte ganz gewiß
merkwürdige und wegen seinen großen
Unternehmungen unsterbliche Kurfürst
Friedrich Karl zum Vortheil der

anfommenden und ausladenden Schiffs
leute, ein kostspieliges Ufer errichten
laſſen, dergleichen an ſehr wenigen teut
ſchen Handels- oder Stappelſtädten mehr
gefunden wird. Die Koſten dieſes
prächtigen Ufers, welche doch wenigs
ſtens 150000 fl. ausmachen, müſſen
aber eben darum, weil dieſe Anſtalt
lediglich zum Vortheil der ankommen
den Schiffer unternommen wurde, bei
der Berechnung des Kranengelds mit
in Anſchlag gebracht werden. Der
Ertrag dieſer Summe beläuft ſich,
wenn man dieſelbe, wegen dem bei
jedem Eisgang bevorſtehenden Unter
gang ebenmäßig zu 8 p. C. anſchläget
und die jährliche Unterhaltungskoſten
nur zu 4000 fl. annehmen will,
auf 15000 fl. mithin müßten auch
dermalen die jährliche Kranengefäl
le, ohne für die geleiſtete Sicher
heit etwas in Anſchlag zu bringen,
wenigſtens 30000 fl. ertragen, wenn

die hohe Kurmainz für die schon gehab-
te und täglich noch vorfallende Auslagen entschädigt werden soll.

Ohnerachtet Kurmainz zur Zeit
der angefochtenen Erhöhungsbefugniß
an den erhobenen Kranengebührnis-
sen keinen Vortheil gehabt und ist
nach unternommenem grösserem Aufwand, nach Maasgabe des angeführten
einen merklichen Schaden hat, so wurde doch dieselbe durch das eben ange-
führte Reichskammergerichtliche Urtheil
angehalten, von den oben schon angeführten drei Gattungen von Gütern
nur das mit dem vermehrten Aufwand
in gar keinem Verhältnis stehende, im
Jahr 1749 regulirte Kranengeld zu erheben, welches derselben um so beschwerlicher fallen muß, um so mehr
dieselbe, falls dieses Urtheil in seine
volle Rechtskraft übergegangen, wenigstens einen Drittheil an ihren jährlichen
Kranengefällen verlieren und einbüßen

muß, welcher merklicher Schaden der
hohen Kurmainz weder zugemuthet,
noch weniger aber, von den übrigen
zu dem erhöheten Kranengeld angewie-
senen und verbundenen Kauf- und Schiffleuten ersezt werden kann. Denn an-
genommen, daß der Ertrag des Kranengeldes nach der Aussage der Schiffer
sich alle Jahr auf 24000 fl, belaufe,
so fallen doch von dieser Summe alle
Jahr nach diesem Urtheil 8 bis 9000 fl.
ab, die, ohne eine neue Erhöhung zu unternehmen, auf keine Weise wieder bei-
gebracht werden können. Der hohen
Kurmainz aber, kann ein so merklicher Schaden eben so wenig zugemuthet werden, so wenig die dem erhöheten Kranentarif durch das Reichskammergerichtliche Urtheil unterworfene Güter, ohne Unbilligkeit, angehalten werden können, den gehabten Aufwand
durch ihre Beiträge allein zu er-
sehen. Kurmainz verlieret aber nicht

allein durch dieses Urtheil eine merkliche
Summe alljährlich an ihren Kranenge=
fällen, sondern ist auch noch der Ge=
fahr ausgesezt, daß die Kauf= und
Handelsleute, welche Zeither gewohnt
waren, ihre Waaren in Mainz auf
Kaufmännische Spekulation im Lager=
haus zu deponiren, von dieser ihrer Be=
obachtung, um mit den andern Kauf=
und Handelsleuten in Rücksicht des
Kranengeldes gleiche Vortheile zu ge=
niesen, abgehen und ihre Waaren ent=
weder an einem anderen Ort deponiren
oder aber, dieselbe in ihrer Wohnstätte
so lang aufbewahren, bis sie selbige
an Mann gebracht haben, wodurch
denn Kurmainz an Lagerhausgefällen
um ein Merkliches verkürzet würde.

§. 3. Nachtheil dieſer Erkenntniß für alle
teutſche Kranenberechtigte Stände.

Dieſe Beſchwerde trift nicht allein
die hohe Kurmainz, ſondern auch alle
teutſche Kranenberechtigte Stände die
zur Aufnahme und Beförderung des
Handels ſchon Kranen errichtet oder
noch in Zukunft bei vermehrtem Han‒
del dergleichen Hebmaſchinen errichten
werden, denn nach dieſem Urtheil kann
kein teutſcher Landesherr, der an ſeinem
Ufer die Stappelgerechtigkeit hergebracht
die Stappelverpflichtete Kauf‒ Schiff‒
oder Fuhrleute anhalten, die wegen
vermehrtem Aufwand erhöhete Kranen‒
gebühren zu entrichten, indem dieſe
nun einmal durch dieſes Urtheil vom
23ten December 1789. von allen Er‒
höhungen dergleichen Polizeiabgaben ge‒
ſichert ſind, und ſich um ſo weniger ſol‒
chen Erhöhungen unterziehen werden um
ſo gewiſſer ſie bei dem Reichskammer‒
gericht mit ihren desfalls anzubringen‒

den Beschwerden gehöret werden. Auch
die nicht stappelberechtigte Reichsstände
werden bei allenfalls vorgenommenen
grösseren Verwendungen nicht leicht oh=
ne Schwierigkeit die Kranengebühren
erhöhen können, denn auch die Schiff=
leute, welche ihre Waaren mit eigener
Hand ausladen können oder wollen,
werden sich so leicht nicht die erhöhete
Gebühren gefallen lassen, und im Fall
einer gewaltsamen Anhaltung, sich bei
dem Reichskammergericht auf das ge=
gen Kurmainz ergangene Urtheil bezie=
hen und gegen den Kranen berechtigten
Stand Schutz suchen, und diesen ge=
suchten Schutz auch ohne grosse Schwie=
rigkeit erhalten, weshalben denn die
teutsche Reichsstände, welche aus landes=
herrlichen Polizeirecht ein und mehrere
Kranen errichtet, bei jeder zu unter=
nehmender Verbesserung derselben in
Gefahr kommen können, die auf die
Verbesserung derselben verwendete Sum=

men, ohne einen billigen Ersatz zu er=
halten, hergeschossen zu haben; welcher
Umstand alle Stände des Reichs sie
seyen groß oder klein, gar leicht zu=
rückhalten kann, dergleichen Summen
so wirthschaftswidrig zu verwenden.

§. 4. Nachtheil dieser Erkenntniß für den
ganzen teutschen Handel.

Die Errichtung der Kranen hatte
für den Handel zwei merkliche Vortheile,
nemlich die Beförderung im Aus= und
Einladen und die Sicherheit der Güter
selbsten, welche bei dem Aus = und
Einladen mit selbst eigener Hand nur
gar zu oft der Gefahr ausgesezt waren
durch ein auch nur kleines Versehen
entweder völlig zu Grunde zu gehen,
oder aber doch wenigstens sehr schädiget
zu werden. Diese merkliche Vortheile
wird alsdann der teutsche Handel ent=
behren müssen, wenn die teutsche Lan=
desherrn aus gewisser Ueberzeugung für

die, auf die Errichtung und Unterhal=
tung der Kranen verwendete Summen
keinen hinlänglichen Ersatz zu erhalten,
aufhören werden, auf dergleichen Heb=
maschinen Verwendungen zu machen.
Hierdurch würden nicht allein der Han=
del, sondern auch alle Waaren benö=
thigte teutsche Bürger benachtheiliget,
indem erstens die Kauf= und Han=
delsleute wegen der Gefahr, welcher ih=
re Güter bei dem Aus= und Einladen
unterworfen, ihren Handel so viel mög=
lich, aus Furcht mehreren beträchtlichen
Schaden zu leiden, einschränken, zwei=
tens aber die Waarenbenöthigte Bür=
ger bei öfters erfolgtem Untergang
des einen oder anderen Waarenarti=
kels, dieselbe mit einem weit höheren
Preiß ankaufen müßten, oder doch
wenigstens im Fall auch dieser Unter=
gang nicht häufig vorfallen sollte, we=
gen dem Auffenthalt, den die Ausladung
mit selbst eigener Hand verursachet,

weit länger auf ein oder das andere
Gut warten müßten.

Ein zweiter, zwar minder beträcht=
licher Nachtheil, würde dadurch dem
teutschen Handel zuwachsen, wenn ein
Stappelberechtigter Stand den Kauf=
oder Fuhrleuten, um sein Kranengeld
zu erhalten, nunmehr nicht mehr erlaub=
te, mit gewissen Waarenartikel an der
Stappelstätte ohne das Stappelrecht zu
halten und diese ihre Güter überzuschla=
gen, vorbeizufahren, welches doch zum
Vortheil des ganzen teutschen Handels
nicht an einer, sondern an mehreren
ja fast an allen teutschen Stappelstädten
bis hieher geschehen ist.

Schluß.

Nun übergebe ich diese meine
Privatgedanken über die Erhöhung der
Kranengebühren dem ganzen teutschen
gelehrten Publikum zur Beurtheilung —
E

Bei Verlegern dieses ist neu heraus
gekommen:

Schedels (Joh. Chr.) neues und vollstän=
diges Waaren=Lexikon worinnen alle und
jede im deutschen und fremden Handel
gangbare Artikel, sowohl rohe als verar=
beitete Produkten und Kunstsachen für
Kaufleute, Fabrikanten und Geschäfts=
männer deutlich und bestimmt beschrieben
sind und zwar nicht allein in Rücksicht
auf ihre Natur und Kunstgeschichte, son=
dern auch nach ihrer Anwendung und Be=
nußung, ihren Verhältnissen in Waage,
Maaß, Verkaufsart, u. s. w. Erster
Theil gr. 8. 1790.   2 fl. 45 kr.